创办你的企业

START YOUR BUSINESS

创业计划书

（乡村创业版）

中国就业培训技术指导中心　组织编写

中国劳动社会保障出版社

图书在版编目(CIP)数据

创办你的企业：乡村创业版.创业计划书/中国就业培训技术指导中心组织编写.--北京：中国劳动社会保障出版社，2019
ISBN 978-7-5167-3911-2

Ⅰ.①创… Ⅱ.①中… Ⅲ.①企业管理-职业培训-教材 Ⅳ.①F272

中国版本图书馆CIP数据核字(2019)第034821号

中国劳动社会保障出版社出版发行

(北京市惠新东街1号 邮政编码：100029)

*

北京市艺辉印刷有限公司印刷装订　新华书店经销
890毫米×1240毫米　16开本　1.75印张　29千字
2019年3月第1版　2021年12月第5次印刷
定价：6.00元

读者服务部电话：(010)64929211/84209101/64921644
营销中心电话：(010)64962347
出版社网址：http://www.class.com.cn

版权专有　侵权必究

如有印装差错，请与本社联系调换：(010)81211666
我社将与版权执法机关配合，大力打击盗印、销售和使用盗版图书活动，敬请广大读者协助举报，经查实将给予举报者奖励。
举报电话：(010)64954652

前　言

农民是天然的创业者，他们在家种植养殖，外出打工，自主选择，不等不靠，用心经营，吃苦耐劳，凭借自己提供的产品和劳动力，顽强而灵活地面向市场谋生存。农村的每个家庭都是一个独立的经济实体，在市场经济的海洋中飘荡起伏，并承担自主经营带来的一切后果。在政府大力推动扶贫攻坚、乡村振兴等国家战略的背景下，在互联网经济、农村电商的新形势下，有效利用农业资源返乡创业，成为越来越多农民的务实选择。然而，很多农民会种会养不会卖，年年辛勤劳作，手里却总存不住钱，粗放经营、低收益似乎成为农业经营的常态。

如何帮助农民了解市场规律，掌握经营技巧，推动农产品优化、升级，走规模化、品牌化的道路，进而不断提高农业创业的经营效益，将是创业培训工作者们的重要责任，《创办你的企业（乡村创业版）》教材正是承载着这样的使命出版。

一、教材体系构成

《创办你的企业（乡村创业版）》教材由三本书构成：

《创办你的企业（乡村创业版）——创业意识手册》主要介绍创业的入门知识，提高学员对企业、市场和自我的认知，找到并确定最适合自己的企业想法。

《创办你的企业（乡村创业版）——创业计划手册》系统介绍经营企业的要点和规律，帮助学员利用所学知识将企业想法转化成一份可操作的创业计划书。

《创办你的企业（乡村创业版）——创业计划书》供学员编写计划书时使用。通过编写计划书，对所选创业项目进行系统、周密的规划。

二、教材具体内容

《创办你的企业（乡村创业版）》教材全部内容有十个步骤，每一步都以创业过程中遇到的典型问题作为标题，便于学习时把握重点。

《创办你的企业（乡村创业版）——创业意识手册》中包括第一步和第二步内容。

第一步　你适合创办企业吗　主要讲授什么是企业，成功创办小微企业的关键因素，以及如何增强自己的创业能力。在这个过程中，学员还可以通过做练习测试自己是否适合创业。

第二步　你如何找到一个好的企业想法　主要讲授企业有哪些类型，小微企业的成功要素，如何产生创业想法，分析并筛选出可行的企业想法，确定一个最适合自己的创业想法。

《创办你的企业（乡村创业版）——创业计划手册》中包括第三步至第十步内容。

第三步　如何评估你的市场　主要讲授如何了解顾客和竞争对手，怎样制订市场营销计划，如何预测企业产品的销售量。

第四步　如何组织你的企业人员　主要讲授企业的人员组成，确定岗位职责，选聘合适的员工。

第五步　如何选择你的企业法律形态　主要讲授什么是企业法律形态，常见企业法律形态的特点，如何选择一种适合自己企业的法律形态。

第六步　了解你的企业的法律环境和责任　主要讲授企业的法律环境，企业需要承担的登记注册、依法纳税、维护职工权益等法律责任，以及如何通过参加商业保险来降低企业风险。

第七步　如何预测你的启动资金　主要讲授启动资金的类型以及怎样进行投资和流动资金预测，预测你需要多少钱才能把你的企业开办起来。

第八步　如何制订你的利润计划　主要讲授怎样制定销售价格，预测销售收入，制订销售与成本计划和现金流量计划，通过什么渠道融资。

第九步　如何判断你的企业能否生存　主要讲授为什么要编制创业计划书，怎样编写创业计划书，衡量自己的企业能否创办下去，并制订开办企业的行动计划。

第十步　如何面对你即将开办的企业　主要讲授企业创办以后有哪些日常工作，下一步该做什么。

三、图标及关键词含义说明

教材中出现的小图标和关键词代表着不同类别的内容。

"记住"是对重点知识的提示，帮助学员把握学习要点，加深对所学知识的理解和记忆。

"拓展"是对教材正文内容的补充与扩展。讲师可根据需要讲授，也可供学员自己阅读。

是创业故事的标志。本教材讲述了王强和刘丽的创业故事，他们在创业过程中遇到的各种问题与教材中所讲知识点相对应，帮助学员更加直观、形象地理解所学内容。

"练习"紧密结合讲授内容，用以帮助学员加深对内容的理解，巩固所学知识。

"实践"是有关学员自己的练习，内容密切结合学员自己的创业实践，具有更强的实战性，这部分内容最终可汇总到创业计划书中。

四、教材编写说明

本教材是在 2009 年版《创办你的企业（农村劳动力版）》教材基础上，在有关专家的共同努力下改编完成的。尚虹完成第一步和第二步内容的编写，郑晓瑾完成第三步和第四步内容的编写，何敏完成第五步和第六步内容的编写，高爱兰完成第七步和第八步内容的编写，叶仁平完成第九步和第十步内容的编写；刘银来完成"王强和刘丽的创业故事"内容的编写；余天好、黄虹辉、陈志勇完成练习题和《创业计划书》内容的编写。石科明完成全套教材的统稿工作。此外，刘旭明、王清阁、陈志勇完成全套教材的编审工作。在此一并致谢。

中国就业培训技术指导中心
2019 年 3 月

创 业 计 划 书

企业名称 _____

作者姓名 _____

日　　期 _____

通信地址 _____

邮政编码 _____

电话号码 _____

传　　真 _____

电子邮件 _____

目　录

一、企业概况　　　　　　　　　1
二、创业者个人情况　　　　　　1
三、市场评估　　　　　　　　　2
四、市场营销计划　　　　　　　4
五、企业组织结构　　　　　　　5
六、投资　　　　　　　　　　　8
七、流动资金（月）　　　　　　12
八、销售收入预测　　　　　　　13
九、销售与成本计划　　　　　　14
十、现金流量计划　　　　　　　15
　附件　　　　　　　　　　　　16

一、企业概况

企业概述（应包括选择创业项目的理由、企业主要经营范围、企业的主要产品或服务、企业的目标及潜在顾客、企业愿景等）：

企业类型：□贸易企业　　□制造企业　　□服务企业　　□农、林、牧、渔企业
　　　　　□其他（请说明）_____

二、创业者个人情况

以往的相关经验（包括起止时间）：

教育背景及所学习的相关课程（包括起止时间）：

三、市场评估

请写出目标顾客的5个特点：

市场容量或本企业预计市场占有率：

市场容量的变化趋势及前景：

SWOT 分析

优势	劣势
1.	1.
2.	2.
3.	3.
4.	4.
5.	5.

机会	威胁
1.	1.
2.	2.
3.	3.
4.	4.
5.	5.

四、市场营销计划

1. 产品

产品	主要特征

2. 价格

产品	预测材料价格	预测成本价格	预测销售价格	竞争对手销售价格

折扣销售	
赊账销售	

3. 地点

（1）选址细节：

地址	面积（平方米）	租金或建筑成本

（2）选择该地址的主要原因：

（3）分销方式。（选择一项并在相应的□内画"√"）
我将把产品销售给：□顾客　　□零售商　　□批发商
（4）选择该分销方式的原因：

4. 促销

广告		成本预测	
人员推销		成本预测	
营业推广		成本预测	
公共关系		成本预测	

五、企业组织结构

你选择的企业法律形态是：
　　□个体工商户　　　　□个人独资企业
　　□合伙企业　　　　　□农民专业合作社
　　□有限责任公司　　　□农村承包经营户
　　□其他（请说明）_____

创办你的企业（乡村创业版）
——创业计划书

拟定的企业名称： _____

_____

企业成员： _____

职务	薪金/工资（月）

企业主或经理：

_____   _____

_____   _____

员工：

_____   _____

_____   _____

_____   _____

_____   _____

_____   _____

_____   _____

_____   _____

_____   _____

企业将获得的营业执照、许可证： _____

类型	预计费用

_____   _____

_____   _____

_____   _____

_____   _____

_____   _____

_____   _____

企业承担的其他法律责任（保险、纳税等）：

　　　　种类　　　　　　　　　　　　　　　预计费用

合伙（合作）协议

协议内容\合伙人（合作人）\条款				
出资方式				
出资数额				
利润分配与亏损承担				
分工、权限和责任				
违约责任				
协议变更和终止				
其他条款				

六、投资

1. 企业用地和建筑

根据企业需求，拟建造或购买以下场地或建筑：

项目	数量	单价（元）	金额（元）
（1）			
（2）			
合计			

2. 设备

根据企业销售量预测，假设达到 100% 的生产能力，拟购置以下设备：

项目	数量	单价（元）	金额（元）
（1）			
（2）			
（3）			
（4）			
合计			

供应商名称	地址	电话或传真

3. 农业资产

根据企业销售量预测，拟购置以下农业资产：

项目	数量	单价（元）	金额（元）
（1）			
（2）			
（3）			

供应商名称	地址	电话或传真

4. 器具、工具和家具

根据企业生产经营活动需要，拟购置以下器具、工具和家具：

项目	数量	单价（元）	金额（元）
（1）			
（2）			
（3）			
合计			

供应商名称	地址	电话或传真

5. 交通工具

根据企业需要，拟购置以下交通工具：

项目	数量	单价（元）	金额（元）
（1）			
（2）			
合计			

供应商名称	地址	电话或传真

6. 电子设备

根据企业办公需要，拟购置以下电子设备：

项目	数量	单价（元）	金额（元）
（1）			
（2）			
（3）			
合计			

供应商名称	地址	电话或传真

7. 无形资产

根据企业需要，开业前拟购置以下无形资产：

项目	金额（元）	备注
（1）		
（2）		
合计		

8. 开办费

根据企业需要，开业前应支付以下费用：

项目	金额（元）	备注
（1）		
（2）		
（3）		
合计		

9. 其他投资

根据企业需要，除固定资产、无形资产、开办费外，还应支付以下费用：

项目	金额（元）	备注
（1）		
（2）		
（3）		
合计		

10. 投资预测概要

项目	金额（元）	年折旧额／摊销额（元）	月折旧额／摊销额（元）
企业用地和建筑			
设备			
农业资产			
器具、工具和家具			
交通工具			
电子设备			
无形资产			
开办费			
其他投资			
合计			

七、流动资金（月）

1. 原材料（商品）及包装费用

项目	数量	单价（元）	金额（元）
（1）			
（2）			
（3）			
（4）			
（5）			
合计			

供应商名称	地址	电话或传真

2. 其他经营费用（不包括折旧费和贷款利息）

项目	金额（元）	备注
薪金和工资		
租金		
促销费		
保险费		
水电费		
办公用品购置费		
交通费		
其他费用		
合计		

八、销售收入预测

销售情况 销售的产品或服务	月/季/年							合计
(1)	销售数量							
	销售单价（元）							
	销售收入（元）							
(2)	销售数量							
	销售单价（元）							
	销售收入（元）							
(3)	销售数量							
	销售单价（元）							
	销售收入（元）							
(4)	销售数量							
	销售单价（元）							
	销售收入（元）							
(5)	销售数量							
	销售单价（元）							
	销售收入（元）							
(6)	销售数量							
	销售单价（元）							
	销售收入（元）							
合计	销售总量							
	销售总收入（元）							

九、销售与成本计划

单位：元

项目		金额 月/季/年											合计
销售	含税销售收入												
	增值税												
	销售净收入												
成本	原材料（列出项目）												
	（1）												
	（2）												
	（3）												
	包装费												
	薪金和工资												
	租金												
	促销费												
	保险费												
	维修费												
	水电费												
	电话费												
	宽带费												
	办公用品购置费												
	其他费用												
	折旧额和摊销额												
	总成本												
	附加税费												
	利润												
所得税	企业所得税												
	个人所得税												
	其他												
	净利润												

注：对于"所得税"项目的填写，有限责任公司填写"企业所得税"，个体工商户、个人独资企业、农民专业合作社和合伙企业填写"个人所得税"，实行定额征收的企业填写"其他"。

十、现金流量计划

单位：元

项目	金额 月/季/年											合计
现金流入	月初现金											
	现金销售											
	赊账销售贷款											
	企业主（股东）投入											
	现金流入合计											
	可支配现金											
现金流出	现金采购											
	赊账采购											
	包装费											
	薪金和工资											
	租金											
	促销费											
	保险费											
	维修费											
	水电费											
	电话费											
	宽带费											
	办公用品购置费											
	贷款本息											
	税金											
	投资（列出项目）											
	现金流出合计											
	月底现金											

附件

　　创业计划书是一份全方位描述企业发展规划的文件，是创业者素质的体现。此创业计划书正文中没有涉及或者需要详细描述的内容可以在附件中加以完善。根据需要，把诸如合作协议或合伙协议、公司章程、产品或服务目录、价格表、岗位责任和工作定额，以及有必要证明自己资质的复印件和其他文书材料等附在创业计划书后面。